AF482830

DÉFENSE

A UNE ACCUSATION D'ESCROQUERIE.

MÉMOIRE

A CONSULTER

ET CONSULTATION.

MÉMOIRE

A CONSULTER,

POUR Jean-Charles-Vincent de Bette d'Etienville, Bourgeois de Saint-Omer en Artois, détenu ès prisons du Châtelet de Paris, Accusé ;

CONTRE le Sieur VAUCHER, Marchand Horloger, & le Sieur LOQUE; Marchand Bijoutier à Paris, Plaignans.

ATTAQUÉ de la maniere la plus affligeante dans mon honneur, privé de ma liberté, & menacé des rigueurs que la Justice réserve à un vil escroc, lorsque je n'ai été que Négociateur désintéressé & crédule ; il ne m'est pas possible de souffrir plus long-tems dans le silence ; c'est un devoir pour moi de repousser la calomnie, sous le poids de laquelle on veut m'accabler, & d'établir mon innocence.

J'ai été chargé, de la part d'un personnage considérable, & en place éminente, de m'occuper d'une affaire mystérieuse dont il desiroit ardemment la réussite ; & après avoir accepté la mission qu'on me proposoit, dans la seule vue d'acquérir, par mes services, un protecteur utile à mon avancement ; je l'ai remplie avec zele & bonne foi.

Toutes mes démarches relatives à cet objet, ont eu pour principe la ferme perfuafion, dans laquelle j'étois, que le Prince dont il va être queftion & fes affidés, étoient incapables de me tromper, ou de me défavouer. Enfin, à l'occafion de ma miffion, j'ai contracté, pour plaire aux perfonnes dont j'étois l'agent, des engagemens en mon nom, *que je ne puis acquitter aujourd'hui*, parce qu'on m'a abandonné au moment où la négociation a échoué : *voilà, en réfumé, mon prétendu crime*, & fon hiftoire.

Si la juftice des hommes pouvoit lire au fond du cœur d'un accufé, toute ma défenfe fe borneroit à ce fimple expofé. J'aurois la confolation de démontrer mon innocence, fans compromettre des perfonnes dont je gémis de ne pouvoir renfermer le fecret dans un filence éternel ; & je ne ferois pas obligé, pour diffiper les nuages qui femblent obfcurcir ma conduite, de dévoiler au grand jour des détails extraordinaires, à plus d'un titre, qu'il m'en coûte beaucoup de publier. Mais la néceffité de rendre ma juftification fenfible, me contraint à le faire, & toutes les confidérations doivent céder à l'intérêt puiffant qui me preffe.

Je jure à mon Confeil, que la plus exacte vérité eft fcrupuleufement obfervée dans le tableau des faits que je vais lui expofer, quelque romanefques qu'ils pourront paroître. Si j'étois coupable ; des impoftures inventées à loifir ne m'innocenteroient pas : fi je fuis innocent ; je n'ai pas befoin de recourir à des fictions menfongeres.

Je fupplie mes Juges, & les perfonnes qui liront ce Mémoire, de tenir fans ceffe cette réflexion préfente à leur efprit, & de croire que je le trace avec le caractere de franchife que j'ai tonjours confervé : quelque fâcheufes qu'aient été les circonftances, dont, quoique jeune encore, une longue fuite de malheurs m'a déjà rendu le jouet.

F A I T S.

Au mois de Février 1785, je me trouvois affez fouvent au Café de Valois au Palais Royal. J'y liai connoiffance avec un particulier qui me dit fe nommer *Augeard*, & être chargé des affaires d'une dame de diſtinction. Toutes les fois que je ſortois du Café , pour prendre le plaiſir de la promenade , ſous les galeries ou dans le jardin , il m'accom-pagnoit avec une ſorte d'affectation ; & un jour que nous étions à converſer enſemble , dans une partie du jardin un peu iſolée ; après lui avoir dit que je cherchois un emploi dans cette Capitale , il m'annon-ça , avec le ton du myſtere , que , ſi je voulois , il pourroit m'être fort utile , *& faire ma fortune.*

Je remerciai cet honnête particulier avec toute l'effuſion de cœur qu'on peut s'imaginer , du rare intérêt qu'il vouloit bien m'accor-der ; & je l'aſſurai que ſa propoſition ne pouvoit m'être que très-agréable.

Alors il m'ajouta , qu'avant de ſavoir de quoi il s'agiſſoit , je devois préalablement lui promettre une confiance ſans borne , une docilité illimitée , une diſcrétion à toute épreuve. Quelque ſinguliere que fût cette obſervation , je promis volontiers tout ce qu'il exigea ; après quoi il ſoulagea mon impatience , en me déclarant : qu'il étoit chargé d'une négociation importante , qu'il ne pouvoit remplir ſeul : qu'il vouloit m'aſſocier à ſes travaux ; & que mon intelligence lui paroiſſoit très-propre à faire réuſſir , conjointement avec lui , l'affaire dont il alloit me parler ; dont le ſuccès me procureroit la plus puiſſante pro-tection , l'avancement le plus flatteur & le plus rapide , dans quelque partie que je vouluſſe , par la ſuite , ſolliciter des places.

Ses promeſſes me tranſporterent de joie , & je le ſuppliai de ne plus tarder à me faire connoître , ce qu'il attendoit de moi définitive-ment.

» Il faut (continua le ſieur Augeard) , que vous vous occupiez de » chercher , avec le ſecours des relations que vous pouvez avoir , un » Gentilhomme , titré & de bonne maiſon , qui veuille épouſer une » dame , encore jeune & jolie , d'une figure très-aimable & d'un ca-» ractere doux , qui jouit d'ailleurs de 25000 liv. de rentes , & au » ſort de laquelle , un Prince s'intéreſſe. Vous préviendrez ce Gen-» tilhomme , qu'il ne pourra voir ſa future avant le jour du mariage ; » & vous l'exciterez à la confiance. Vous lui annoncerez encore , que

» fi, par le contrat de mariage, on ftipule la féparation de biens, il
» fera dédommagé par une penfion de 6000 liv.; enfin, qu'il recevra
» un gros préfent le jour des nôces; qu'on lui paiera fes dettes quel-
» ques jours avant la célébration, & qu'on lui fera obtenir, s'il eft
» militaire, la place qu'il demandera, quand même elle feroit occu-
» pée. Bien entendu que le Gentilhomme, qui fera dans l'intention
» d'accepter ces propofitions, vous remettra fes titres de nobleffe pour
» être examinés, avant d'être agréé ».

J'acceptai cette miffion fans autre examen, & avec tous les tranf-
ports de l'empreffement, en béniffant le fieur Augeard de l'occafion
qu'il me fourniffoit d'acquérir un fi puiffant protecteur, dans la perfonne du Prince, pour le compte duquel j'allois devenir Négociateur.
Ainfi, il fut convenu fur-le-champ entre nous deux, que je me met-
trois dès le même jour en quête; que je l'informerois tous les jours,
au Café de Valois, ou dans le jardin, du réfultat de mes recherches;
que j'ignorerois moi-même, jufqu'à nouvel ordre, les noms du Prince
& de la dame à marier; enfin, que, relativement à cette affaire, ma
conduite feroit toujours mefurée fur la plus grande circonfpection.

Les chofes ainfi réglées, je commençai à fureter, & en deux jours
je trouvai dix époufeurs pour un, qui prétendoient tous être nobles,
de bonne maifon, & titrés; mais que la néceffité de le juftifier décon-
certoit.

Comme j'étois obligé d'infifter fur la repréfentation des titres, ils
étoient prefque auffi prompts à s'éloigner, qu'à paroître. Je fongeois
aux difficultés que j'éprouverois probablement à trouver un homme
comme on le demandoit; & je me dégoûtois déjà de ma commiffion,
lorfque je reçus chez moi, le 21 Mars, la vifite du Baron de Fages,
qui me dit, qu'ayant entendu parler d'un mariage dont j'étois chargé,
il venoit me prier de m'intéreffer en fa faveur. Il fe réclama auprès
de moi d'une perfonne, pour laquelle je conferverai toujours les fen-
timens les plus diftingués; de M. Mulot, Chanoine Régulier, Grand-
Prieur de l'Abbaye Royale de Saint-Victor, dont j'avois reçu, en différentes circonftances, les fervices les plus fignalés, & auquel, du

confentement du fieur Augeard, j'avois fait confidence de la miſſion
dont je me trouvois chargé (1).

Le Baron de Fages n'avoit pas befoin de cette recommandation pour
me faire connoître que je ne devois point le confondre avec les
aventuriers dont j'avois été obfédé jufques-là, à raifon du mariage. Je
lui dois la juftice de dire, que fon enfemble me prévint dès cet inftant
en fa faveur, & que je me fentis un penchant fecret à l'obliger, autant
que je le pourrois. Son honnêteté à mon égard, pendant toute la durée
des relations fuivies, que la négociation a fait naître entre nous deux,
ne s'eft jamais démentie; & bien loin de le croire capable d'avoir
donné lieu, par une conduite répréhenfible, à l'accufation que mes
Adverfaires dirigent contre moi en ce moment, après lui avoir fait
fubir le même fort; fa probité m'eft trop connue, pour que je penfe
qu'il fe foit, en aucun tems, rendu coupable des faits qu'on nous a
imputés par la fuite.

Après lui avoir détaillé les propofitions du mariage, telles que le
fieur Augeard me les avoit expofées au Palais Royal, le Baron en
parut fort content; & me déclara qu'il étoit tout prêt à remettre fes
titres entre mes mains, ou en celles de M. Mulot.

J'informai bien vîte le fieur Augeard de la découverte que je venois
de faire dans la perfonne du Baron de Fages; je lui témoignai tout
l'intérêt qu'il m'avoit infpiré, & je crus pouvoir l'affurer que probablement quand il l'auroit vu, il penferoit comme moi; qu'il étoit
digne, à tous égards, de fixer le choix des perfonnages pour lefquels
nous travaillions. Le fieur Augeard parut recevoir avec grand plaifir
cette nouvelle; mais il me déclara qu'il ne pouvoit point du tout
s'aboucher avec le Baron de Fages, par des raifons que je devois
ignorer; & que c'étoit à moi qu'il étoit réfervé de mener à fin
toute la négociation. Il ne me diffimula pourtant pas le plaifir qu'il

---

(1) J'ai fait fa connoiffance à l'occafion d'un malheur que j'éprouvai vers la fin
de 1784, pour avoir voulu rendre fervice à un de mes amis. M. Mulot, que
j'eus le bonheur d'intéreffer, m'offrit généreufement des fecours de toute efpece;
& depuis je lui fuis refté attaché, autant par reconnoiffance, que par inclination,

auroit à voir le Baron de Fages, fans que ce dernier le fût; & pour donner au fieur Augeard cette fatisfaction, je convins avec lui, le 24 Mars, que dans la foirée je me rendrois, avec le Baron, au café de Valcis, & que là il pourroit le voir & le confidérer à fon aife, pour être plus en état de mettre au fait, de fa maniere d'être, les perfonnes que le mariage intéreffoit.

La fcene eut lieu effectivement, & dès le lendemain le fieur Augeard me dit qu'il trouvoit, comme moi, que le Baron de Fages étoit bien l'homme qu'on pouvoit defirer, & il me recommanda, fans plus tarder, de lui demander fes titres; ce que je fis dans la journée. M. Mulot, qui en étoit dépofitaire, me les remit fous cachet, & je les portai au fieur Augeard.

Ce dernier, au bout de vingt-quatre heures, m'annonça que l'affaire alloit à merveille; qu'on étoit enchanté de mes foins, de mon zele & de mon intelligence; que les titres avoient paru très-fatisfaifans; enfin que le Baron de Fages étoit agréé; mais on l'avoit chargé de me dire, qu'on ne décideroit rien néanmoins qu'après la *Quafimodo*.

Le lendemain de cette fête, je rejoignis le fieur Augeard, qui m'annonça un nouveau délai. Cet incident me contraria, parce que le Baron, pour lequel j'avois conçu un véritable attachement, defiroit qu'il y eût peu de lenteur, & je laiffai entrevoir au fieur Augeard quelque méfiance à cette occafion. La réferve exceffive avec laquelle il agiffoit avec moi, m'infpiroit en effet des doutes fur la réalité des pouvoirs dont il fe prétendoit chargé, & après nous être un peu échauffés, je lui déclarai nettement, que je ne me mêlerois plus de l'affaire s'il tardoit davantage à me nommer la Dame à marier & le Prince par les ordres duquel il agiffoit, & me faifoit agir moi-même.

Le fieur Augeard me voyant bien déterminé à prendre le parti dont je le menaçois, fe décida, pour calmer mes inquiétudes, à me fatisfaire fur cet article; & après m'avoir renouvellé la recommandation d'un fecret inviolable, il m'articula enfin, que la Dame fe nommoit *Madame de Courville*, & que le Prince qui faifoit les frais du mariage, étoit *Monsieur le Cardinal de Rohan*. Il fit plus : il m'ajouta qu'on étoit si content de moi, que j'allois être admis dès le soir même, 4 Avril, à traiter personnellement avec nos commettans ; mais sous la condition que je n'aurois pas la sotte curiosité de chercher à connoître l'endroit où je les verrois, *sans quoi j'étois un homme perdu*, attendu qu'on avoit des raisons de la plus grande importance pour en agir ainsi.

Cette ouverture du sieur Augeard dissipa amplement mes soupçons & mes inquiétudes. J'eus l'enfantillage de m'énorgueillir sérieusement du rôle qu'on me faisoit jouer, & les illusions de l'amour-propre & de l'espérance prirent bientôt dans mon esprit la place du découragement.

Tout occupé de la gloriole de m'aboucher avec un Cardinal, & du plaisir de voir la Dame, je souscrivis aveuglément à la condition effrayante qu'on mettoit à mon admission aux conférences, parce que ma confiance dans les paroles du sieur Augeard étoit devenue extrême, depuis qu'il m'avoit nommé les personnes qui me mettoient en œuvre. Au surplus je me doutois bien que je ne tarderois pas à découvrir, sans beaucoup d'effort, le lieu où je serois conduit, si mes visites se multiplioient ; & l'évènement a pleinement justifié par la suite cette conjecture.

Vers les dix heures du soir le sieur Augeard, avec lequel j'avois rendez-vous au café de Valois, me fit monter avec lui dans une voiture de place dont les panneaux étoient fermés, & après quinze ou vingt minutes de marche, nous arrêtâmes vis-à-vis une porte cochere un peu basse. Nous descendîmes ensemble ; &, sans parler au portier, nous montâmes vivement à un premier étage, où, après avoir traversé une anti-chambre, je fus présenté, par mon conducteur, à une femme charmante, qui étoit seule, & me fit l'accueil le plus gracieux. Après avoir épuisé respectivement les convenances de la politesse & de l'usage, elle me témoigna que le sieur Augeard lui avoit parlé de moi de la maniere la plus avantageuse ; & que ma présence justifioit complettement l'éloge qu'on lui avoit fait de ma personne ; que M. le Cardinal étoit très-content de mes services, & qu'il m'en donneroit, après l'heureuse issue de la négociation, des preuves si magnifiques, que je pouvois. regarder ma fortune comme faite. Elle me fit beaucoup de queſtions relatives au Baron de Fages, ſon futur, & me dit que je devois l'engager à la perſévérance. A l'égard du ſieur Augeard, elle me laiſſa croire qu'il étoit réellement ſon homme d'affaires; & que c'étoit par cette raiſon qu'il n'avoit pu faire la recherche lui-même; elle m'aſſura que tout ce qu'il avoit fait étoit conforme aux ordres qu'il avoit reçus de M. le Cardinal & d'elle. Elle me répéta qu'il falloit me laiſſer conduire aveuglément; & que je ſaurois par la ſuite les raiſons qu'on avoit de m'introduire clandeſtinement, & de me cacher le lieu où j'étois. Enfin elle m'exhorta à la plus grande diſcrétion, & à venir la voir le plus ſouvent poſſible, accompagné du ſieur Augeard, en m'annonçant que je verrois quelque jour M. le Cardinal de Rohan lui-même.

La voiture qui nous avoit amenés nous reporta, le ſieur Augeard & moi, au Palais Royal, *& dans les fréquentes entrevues que j'ai eues dans le même endroit, depuis ce jour 4 Avril 1785, juſqu'au 14 Août ſuivant, avec Madame de Courville, j'ai été amené, introduit & reconduit de la même maniere, par ce particulier* (1), que j'ai néanmoins toujours ſoupçonné, ſans pouvoir m'en rendre à moi-même la raiſon, de m'en impoſer, lorſqu'il me faiſoit entendre qu'il demeuroit dans la maiſon de cette Dame.

Enchanté de cette premiere viſite, qui diſſipoit tous mes doutes & fortifioit mes eſpérances, j'en parlai avec le plus grand enthouſiaſme, mais ſans nommer M. le Cardinal ni Mad. de Courville, à M. Mulot & au Baron deFages, qui me chargea d'annoncer à la Dame qu'il avoit quelques dettes pour leſquelles on le preſſoit; & de la prier, ou de lui faire toucher une ſomme de deux mille écus avant la célébration, ou de hâter la concluſion. C'eſt ce que je fis dès le lendemain, 5 Avril, dans une ſeconde viſi te.

Pendant la premiere demi-heure de cette ſéance chez Madame de

____

(1) Il m'eſt arrivé quelquefois de m'en aller ſeul; mais alors, une voiture bourgeoiſe qui ſe trouvoit à la porte, menée par un cocher ſans livrée, me reconduiſoit à mon hôtel garni.

Courville

Courville, un particulier, âgé de quarante-cinq à cinquante ans, très-pâle & fort maigre, vêtu de noir, & qu'on appelloit M. de Marcilly, ou M. le Conseiller, me parla beaucoup du mariage, & me donna même des regles de conduite avec le Baron de Fages. Il paroissoit être la cheville ouvriere de l'opération, & l'oracle de Madame de Courville, ainsi que de M. le Cardinal, autant que je pus en juger par ses propos.

Sur l'exposition de la demande du Baron de Fages, Madame de Courville me promit de faire tous ses efforts pour que le mariage s'effectuât promptement ; mais elle refusa de se rendre au desir du Baron, en me disant qu'elle avoit déjà été trompée par un Gentilhomme, avec lequel il avoit été question de la même affaire, & qui avoit disparu, après avoir reçu des secours de l'espece de ceux que réclamoit le Baron de Fages : la conclusion fut, qu'il devoit prendre patience ; qu'il seroit bien dédommagé, après la célébration du mariage, des désagrémens de sa position ; & qu'au surplus elle espéroit que les choses ne seroient pas reculées au-delà du 12 Avril.

Dans cette seconde entrevue, Madame de Courville me donna des témoignages d'amitié & de confiance, dont je ne dissimulerai pas, que je me trouvois bien flatté, & qui contribuerent beaucoup, sans doute, à éloigner de mon esprit les idées de défiance, dont les personnes qui liront ce Mémoire de sang froid, supposeront que je devois être agité. Elle m'invita à souper en tête-à-tête avec elle. Je ne fus insensible ni à cette politesse inattendue, ni aux graces qu'elle y mettoit : nous parlâmes beaucoup du Baron de Fages, & des mesures qu'il falloit suivre pour faire réussir le mariage, sur-tout sans compromettre M. le Cardinal. Elle m'avoua que le retard avoit pour cause la gêne de M. le Cardinal, qui n'étoit pas en état de réaliser pour le moment, une somme de 500,000 liv. qu'il lui destinoit en dot, sur laquelle elle se proposoit de faire un cadeau de 100,000 liv. au Baron de Fages le jour des noces.

Enfin, elle me montra ses bijoux, qui étoient en grand nombre, & très-riches. Mais ce que j'admirai le plus, étoit une partie de brillans non montés, qui étoient renfermés dans une petite boîte de layeterie,

& qu'elle prétendit avoir été estimés 432,000 liv. Je n'ai jamais rien vu de si magnifique, tant pour l'éclat que pour la grosseur; & comme mon étonnement étoit extraordinaire, elle me dit que ces diamans provenoient *d'une rivière*, dont M. le Cardinal lui avoit fait présent; mais que cette sorte de parure n'étant plus de mode, elle étoit décidée à les réaliser avant son mariage. Elle me fit même entendre, à cette occasion, que je lui paroissois mériter une telle confiance, qu'elle seroit charmée que je voulusse accepter la commission de les aller vendre en Hollande; mais je lui observai que je ne pouvois m'en charger, parce que je n'étois nullement connoisseur; & elle n'insista pas.

Elle m'avoua encore, qu'elle étoit d'une grande maison d'Allemagne, quoique son nom parût résister à cette idée, & me montra même un cordon & un ordre de Chanoinesse.

Il est aisé d'imaginer, que des confidences de cette nature, que madame de Courville prétendoit me faire, au mépris des défenses de M. le Cardinal, & a l'insu du sieur Augeard, m'inspirerent beaucoup d'attachement à ses intérêts. Je ne pus néanmoins résister à la tentation de savoir une chose qu'elle persistoit à me vouloir cacher, c'est-à-dire, le lieu dans lequel je la voyois. La curiosité l'emporta sur la crainte, & malgré la menace terrible du sieur Augeard, je parvins à m'assurer, que l'appartement dans lequel je voyois madame de Courville, étoit celui de madame la comtesse de la Motte, rue neuve S. Gilles au marais (1); & lorsque j'eus cette satisfaction,

______

(1) Le jour de ma premiere visite, je m'étois apperçu, à la faveur des carrés en vitrage qui formoient les glaces du fiacre; que j'étois conduit dans une rue qui coupoit, à angle droit, la rue S. Louis au Marais. En conséquence je m'acheminai le lendemain, au petit jour, & après m'être déguisé, vers ce quartier. Après avoir parcouru plusieurs rues, je tombai dans la rue Neuve-Saint-Gilles, où je reconnus parfaitement la porte-cochere dans laquelle j'étois entré la veille avec tant de mystere, à cause de son ceintre écrasé, qui la rendoit fort remarquable. Satisfait de ma découverte, je m'assurai qu'elle portoit le N°. 13; & j'interrogeai des voisins & quelques pauvres qui me parurent habitués du quartier; tous me répondi-

je n'en fis rien paroître , ayant feint pendant tous le tems de mes liaifons avec madame de Courville & avec le fieur Augeard , d'ignorer un fecret , à la poffeffion duquel ils paroiffoient attacher une grande importance.

Comme la plus grande partie des détails que je viens d'expofer étoient inconnus au Baron de Fages, auquel on m'avoit défendu d'en parler que d'une maniere très-réfervée , & fans lui nommer perfonne ; il attendoit moins patiemment que moi l'iffue de la négociation. La réponfe que madame de Courville m'avoit chargé de faire à fa demande de 6000 livres , le fatisfaifoit médiocrement ; en conféquence , il me chargea de la renouveller, & de demander la permiffion de voir fa future.

Le fieur de Marcilly dont j'ai déjà parlé, qui fe trouva encore chez madame de Courville , lorfque je m'acquittai de cette nouvelle commiffion du Baron de Fages, trouva fort mauvais, qu'il fût fi preffant, & il me fit mettre par écrit la réponfe que j'avois à lui faire. Elle étoit ainfi conçue :

« Il a toujours été convenu , & c'eft l'article fondamental, que
» les Parties ne fe verront qu'à l'inftant où fe fera la célébration ;
» la perfonne ne doit donc pas trouver étrange , que l'on fe foit
» refufé jufqu'ici à la voir & à lui répondre directement. D'ail-
» leurs , l'éclat donné à ce mariage feroit abfolument contraire aux
» vues que l'on s'eft propofées ; & fi la perfonne continue à vouloir
» découvrir les perfonnes intéreffées , foit par elle , foit par les
» informations fourdes de fes amis, elle prouvera par cette infrac-
» tion aux conditions propofées , qu'elle ne cherche qu'à rompre.
» Quant au paiement des dettes , & à la demande d'une fomme pour
» cet objet ; on veut que ce foit un acte libre, & qui ne faffe

---

rent, que la maifon ainfi numérotée , étoit la demeure de Madame la Comteffe de la Motte. Comme je favois, par la voix publique, que M. le Cardinal fe rendoit quelquefois dans cette maifon, j'ai cru, pendant long-tems, que Madame de Courville étoit cette même perfonne ; mais on verra par la fuite que j'eus des preuves certaines de la fauffeté de cette conjecture.

» point partie des conventions. On eſt décidé à ſe conſulter am⁼
» plement à ce ſujet ».

Le Baron de Fages ne fut pas trop content de ces obſervations, & encore moins de la nouvelle que je lui donnai quelques jours avant le 12 Avril, du retard de ſon mariage. Madame de Courville & le ſieur Augeard en voyant approcher cette époque, qu'ils avoient, comme on l'a vu, fixée précédemment pour la célébration, m'avoient recommandé d'en avertir le Baron de Fages, en l'exhortant néanmoins à croire fermement, que ce n'étoit qu'une affaire remiſe. Mais pour ne pas lui refuſer toute ſatisfaction, on me permit alors de lui dire, ainſi qu'à M. Mulot notre ami commun, & qui s'étoit offert dès le commencement de la négociation, pour donner la bénédiction nuptiale, ſi elle réuſſiſſoit ; que c'étoit M. le Cardinal de Rohan qui marioit la future, & qui vouloit devenir le bienfaiteur de l'un & de l'autre : ce qui rappella pour quelque temps le calme dans ſon eſprit, & réchauffa ſon courage & ſa patience.

Le 11 Avril, mon Mentor m'avertit, que le lendemain au ſoir, M. le Cardinal de Rohan ſe rendroit chez madame de Courville, & déſiroit m'y voir.

J'appris avec d'autant plus de plaiſir cette nouvelle, que cette entrevue devenoit pour moi, la confirmation de tout ce que le ſieur Augeard & madame de Courville m'avoient fait faire juſques-là. En entrant dans l'appartement de madame de Courville, je trouvai effectivement avec elle, & le ſieur de Marcilly, M. le Cardinal de Rohan, ou au moins, un homme d'une belle figure, âgé à peu-près de 50 ans, haut en couleurs, ayant les cheveux d'un gris blanc, & le devant de la tête dégarni ; d'une grande taille & bien fait, d'une démarche noble & aiſée, quoique chargé d'un certain embonpoint, & parfaitement reſſemblant à la perſonne que j'ai vue à la Cour & à la ville porter le nom de M. le Cardinal de Rohan (1). Il m'accueillit avec toute l'affabilité, qui eſt conciliable avec

____

(1) Si je fais ici le portrait de M. le Cardinal, ce n'eſt pas que j'aie perſon⁼

la grandeur & la dignité, en m'appellant même par mon nom. Il me demanda de quel pays j'étois, & me fit plufieurs autres queftions de cette efpece. Enfuite il m'affura, que fur le rapport, que madame de Courville & le fieur de Marcilly lui avoient fait de mes fervices, il en étoit fort content. Il m'engagea à les continuer ; à me comporter toujours avec circonfpection, & me déclara, qu'il fe chargeoit de ma fortune. Enfuite, il paffa avec madame de Courville & le fieur de Marcilly, dans une autre piece ou cabinet, pendant que je reftai avec le fieur Augeard dans le Sallon où il paroiffoit me garder à vue ; & étant tous rentrés après une petite demi-heure, M. le Cardinal m'annonça que le mariage ne pourroit avoir lieu que du premier au 15 Juillet fuivant, pour des affaires de la plus grande importance ; que je n'avois qu'à voir fi le Baron de Fages voudroit attendre jufqu'à cette époque.

Ce retard me fit un véritable déplaifir, à caufe de l'embarras dans lequel fe trouvoit le Baron de Fages. Il m'avoit dit, qu'il étoit vivement pourfuivi par fes créanciers, qui s'impatientoient des lenteurs du mariage confidérable, dont il leur avoit avoué, pour les appaifer, qu'on s'occupoit en fa faveur. Je pris la liberté de le témoigner à M. le Cardinal. Le fieur de Marcilly me propofa de lui écrire ; ce que je fis, fous fes yeux, & en partie, fous fa dictée.

---

nellement aucun doute fur l'identité de la perfonne que j'ai vue avec la fienne ; mais parce que des perfonnes, qui fe prétendent bien inftruites, m'ont fait entendre que M. le Cardinal nie en ce moment que j'aie jamais eu l'honneur de le voir & d'être connu de lui. Quoi qu'il en foit, ma confcience ne me reproche rien fur la vérité de ma narration, & c'eft tout ce qu'il me convient de dire.

Dans les trois entrevues que M. le Cardinal m'a fait l'honneur de m'accorder ; (deux en Avril & une autre en Juillet), il étoit vêtu d'une redingotte d'une couleur fombre, & portoit un chapeau rond. Lorfque je me fervis des termes, *votre Eminence*, ou *Monfeigneur*, M. le Cardinal me dit, qu'une fois pour toutes, il defiroit que j'ufaffe du mot, *Monfieur*, comme plus convenable pour la converfation.

Une perfonne qui m'eft tout-à-fait inconnue, porta cette lettre fur le champ, quoiqu'il fût onze heures du foir, au Baron de Fages que j'avois laiffé dans une maifon de connoiffance en allant chez madame de Courville ; & on rapporta fa réponfe, par laquelle il acquiefçoit au nouveau délai, à condition, néanmoins, qu'on le mettroit en état de fupporter moins impatièmment les pourfuites de fes créanciers. Alors, il fut réfolu entre M. le Cardinal, madame de Courville & le fieur de Marcilly, qu'on aviferoit aux moyens de le fatisfaire, & c'eft ce dont on s'occupa, comme je l'appris dans une feconde entrevue que j'eus chez madame de Courville, avec M. le Cardinal, le 16 ou le 17 du même mois d'Avril. Il y fut arrêté, que pour dédommager le Baron de Fages, dans le cas où le mariage n'auroit pas lieu, pour une caufe quelconque, on lui affureroit une fomme de 30,000 livres.

En conféquence, Madame de Courville écrivit en ma préfence fous la diftée du fieur de Marcilly, un dédit conçu ainfi qu'il fuit : » Je » fouffignée déclare, qu'arrivant que le mariage propofé & accepté » par M. le Baron de Fages-Chaulnes, en vertu de fa lettre, en date » du 12 de ce mois, par laquelle il promet à M. de Bette d'Etienville » de tenir l'engagement d'honneur qu'il donne, n'ait pas lieu ; foit » que j'y renonce volontairement, ou autres caufes, même de mort ; » je m'engage à remettre ou à faire remettre par mes héritiers, fucçef- » feurs & exécuteurs teftamentaires, une fomme de 30,000 livres, » monnoie courante, au fieur de Bette d'Etienville, pour par lui être » remife audit fieur Baron de Fages en forme de dédommagement ; » laquelle fomme de 30000 livres fera acquittée par tiers, favoir ; » 10,000 livres au 15 Août prochain, 10 autres mille livres le 15 Oc- » tobre fuivant, & finalement 10,000 livres le 15 Décembre fuivant. » Fait à Paris, le 26 Avril 1785. » *Signée* : MELLA DE COURVILLE.

Cet écrit ne me fut point remis fur le champ, & on attendit que le jour dont on l'avoit daté, fût arrivé, pour me le livrer. Alors on y mit une enveloppe & cinq empreintes, & on me permit d'annoncer au Baron de Fages que fon fort étoit fixé, fi le mariage manquoit. Madame de Courville & le fieur de Marcilly me firent jurer que je le leur repréfenterois toutes les fois qu'ils le trouveroient bon ; & après que je leur eus fait part du projet que j'avois de le dépofer, dans la crainte de le perdre, entre les mains de M. Mulot, ils y confentirent.

M. Mulot s'en chargea volontiers, & il l'a gardé fidellement jufqu'au moment où Madame de Courville exigea que je le lui repréfentaffe, comme on le verra par la fuite.

Le Baron de Fages vers la fin d'Avril, s'autorifa, à ce qu'il paroît, de l'exiftence de ce dédit, pour fe faire livrer par un nommé Loque, Marchand Bijoutier, différentes marchandifes de fon état, pour une fomme de 18000 livres. Le projet du Baron étoit de faire de l'argent de cette bijouterie, pour calmer ceux de fes créanciers les plus preffans, & c'eft ce qu'il exécuta ; comptant que dans le cas où le mariage n'auroit pas lieu, le paiement du dédit le mettroit en état de fatisfaire le fieur Loque.

Mais cet arrangement eft abfolument perfonnel au Baron de Fages ; il ne me fut connu que lorfqu'il étoit déjà confommé ; & le Baron avoit déjà difpofé des bijoux, avant que j'en euffe la premiere connoiffance ; de forte que je n'ai jamais vu ce fourniffeur, (qui a la hardieffe néanmoins de m'accufer de l'avoir trompé,) que pour me porter caution du Baron de Fages, dans les premiers jours d'Août 1785.

Il en eft autrement du fieur Vaucher, Maître Horloger, qui eft auffi l'un de mes accufateurs.

Il eft vrai que j'ai été une ou deux fois chez lui, que je lui ai confirmé la vérité des faits relatifs à la richeffe du prochain mariage que le Baron de Fages devoit faire, (fans cependant lui nommer les perfonnes,) & que je l'ai affuré d'après la confiance bien naturelle que devoient m'infpirer les paroles de M. le Cardinal de Rohan, & ce qui s'étoit paffé chez Madame de Courville ; qu'en tout événement, il ne couroit aucun rifque de livrer au Baron de Fages ce qu'il lui demandoit. Mais en faifant ces démarches, je n'ai eu aucune intention de le tromper : ma confcience ne me reproche rien à cet égard, & ma bonne-foi étoit évidemment appuyée fur des faits, d'après la connoiffance defquels, c'eft peut-être même une irculpation hafardée de me taxer d'imprudence.

" Au furplus je déclare, fans craindre d'être démenti par le Baron de Fages, que les marchandifes du fieur Loque & du fieur Vaucher, n'ont en aucune maniere tourné à mon profit, & que je ne me fuis mêlé ni directement ni indirectement de la réalifation qui en a été faite ; ce fait étant entiérement perfonnel au Baron de Fages, & à un certain cercle d'amis, qui compofoient fon confeil. Pendant tout le cours de la négociation, j'ai auffi conftamment refufé les fommes & les cadeaux qui m'ont fouvent été offerts par Madame de Courville, parce que je n'ai jamais eu d'autres vues, en me rendant utile à M. le Cardinal de Rohan, à Madame de Courville, & au Baron de Fages, que d'acquérir par mes démarches & mes fervices, une protection puiffante, qui après l'heureufe iffue de la négociation, me devoit mettre en état, par un bon pofte, de travailler à ma fortune.

Madame de Courville approuva le premier achat de marchandifes, fait au fieur Loque par le Baron de Fages ; & ce fut elle-même qui me confeilla, conjointement avec le fieur de Marcilly, d'aller chez le fieur Vaucher pour répondre de la folvabilité du Baron : ils fentoient bien l'un & l'autre qu'il avoit befoin de fecours actuels, pour fe préparer au mariage & s'équiper convenablement ; & comme ils prétendoient que M. le Cardinal étoit trop gêné alors, pour faire au futur les avances qu'il avoit demandées plufieurs fois fans fuccès, ils trouvoient que le parti pris par le Baron étoit le plus convenable.

Vers la fin de Mai, Madame de Courville m'annonça qu'elle alloit partir pour fa Terre, & qu'elle pafferoit quelque tems à la campagne. Comme elle avoit eu différentes preuves de mon défintéreffement, elle me donnoit, en toute occafion, des témoignages d'une finguliere eftime, &, fuppofant qu'il étoit plus dans mon caractere d'être fenfible à des procédés qu'aux offres pécuniaires, dont je l'avois remerciée, elle me propofa de faire un voyage de quelques jours à cette Terre, pour me procurer une partie de plaifir. Effectivement j'y fus fêté, avec une forte d'affectation, dont le but étoit fans doute de m'enivrer de confiance, de me combler de fatisfaction, de fortifier ma

crédulité,

crédulité , & mes difp fitions à la fervir. On exigea avant mon départ , la même docilité avec laquelle je m'étois comporté jufqu'alors.
Le fieur Augeard ne m'abandonna pas d'un inftant , pendant le voyage , mon féjour & le retour. Je ne fais, ni où la Terre eft fituée, ni
à quelle diftance elle eft de Paris. Je me fuis apperçu feulement, que
le Château eft très-beau ; que le parc communiquoit à une riviere
fort large , que je foupçonne être la Marne , ou la Seine ; que la voiture qui m'a conduit & ramené , *en pleine nuit* , n'étoit pas en route
plus de trois ou quatre heures ; enfin, que la fociété que j'y ai trouvée
étoit nombreufe & agréable , compofée d'hommes & de femmes qui
portoient des titres relevés , tels que Comte , Comteffe, Marquis ,
Marquife , Préfident, Confeillers, &c., & qui cependant ne s'appel-
loient point par d'autres noms.

En quittant Madame de Courville , elle me montra plufieurs bijoux
précieux enrichis de diamans, qu'elle me dit qu'elle deftinoit au Baron
de Fages , & me recommanda de lui affirmer pofitivement, qu'il pouvoit compter que la derniere époque fixée pour la célébration , ne feroit plus reculée , & qu'il falloit qu'il fe tînt prêt pour le mois de
Juillet.

Cette nouvelle affurance que je donnai au Baron de Fages , lui fut fort
agréable ; & Madame de Courville étant revenue à Paris dans les premiers jours de Juillet , ou au moins m'ayant fait avertir , par le fieur
Augeard , qu'elle étoit vifible dans le même endroit où elle m'avoit
reçu , rue Neuve Saint-Gilles , me dit que tout étoit prêt , & que fon
mariage alloit finir fous peu de jours. Je me rappelle même , qu'elle
prétendit que M. le Cardinal de Rohan reftoit tout exprès à Paris ,
& que fans la conclufion de fon mariage , il fe feroit rendu , à cette
époque , à Saverne , pour y recevoir M. le Prince de Condé , qui étoit
allé paffer en revue les troupes de la garnifon de Strasbourg.

Néanmoins la premiere quinzaine de Juillet fe paffa encore , fans que
Madame de Courville me tînt fa parole , au grand défefpoir du Baron
de Fages , qui s'impatientoit cruellement , & dont je recevois de grands
reproches à l'occafion de ces retards, comme fi j'en euffe été la caufe.
Madame de Courville , à qui je fis part de mes inquiétudes relative-

ment à toutes ces lenteurs, s'efforça, par mille prétextes, de ranimer ma confiance, & me dit que M. le Cardinal de Rohan me raffureroit lui-même.

En conféquence, j'eus l'honneur de revoir M. le Cardinal chez Madame de Courville, vers le 16 ou le 18 de Juillet. Il me recommanda de calmer le Baron de Fages, & me dit que je ne devois pas balancer à croire, que lui-même & Madame de Courville étoient incapables de me tromper.

Il ajouta, que des circonftances particulieres avoient fucceffivement réceffité les retards de la célébration ; mais qu'il n'y avoit rien de manqué. Alors, il paffa dans une autre piece avec Madame de Courville, & le fieur de Marcilly ; & après y être reftés environ une heure, ils rentrerent. On me dit qu'il falloit que je déterminaffe le Baron de Fages à attendre encore jufqu'au 12 d'Août ; que le mariage fe feroit à la Terre de Madame de Courville, & que la veille on nous enverroit une voiture pour M. Mulot, le Baron de Fages & moi.

Quelques jours s'étant écoulés, Madame de Courville ne me cacha pas, que M. le Cardinal n'avoit pas encore pu faire les fonds qu'il lui deftinoit pour fon mariage ; & que dans l'intervalle qui reftoit à s'écouler jufqu'au 12 d'Août, elle efpéroit qu'il les trouveroit.

Je ne lui diffimulai pas, que, fi elle étoit propriétaire des gros diamans qu'elle m'avoit montrés, en me difant qu'ils provenoient d'une *riviere*, dont elle ne foucioit plus, elle étoit affez riche pour fe marier, fans attendre la fomme confidérable pour la réalifation de laquelle je croyois m'être apperçu qu'elle preffoit M. le Cardinal ; mais elle me répondit, que la vente de ces diamans étant très-difficile à faire, par des raifons qu'elle ne pouvoit me confier, elle aimoit mieux attendre, qu'un emprunt de 500,000 livres dont les gens d'Affaires de M. le Cardinal s'occupoient, & dont fon Eminence m'avoit auffi parlé, fût tout-à-fait rempli.

Comme il ne me convenoit point de fcruter, d'une maniere plus marquée, les intentions de Madame de Courville, que je regardois comme une perfonne très-qualifiée, d'après fa maniere d'être, fes relations, & les confidences qu'elle m'avoit faites concernant fa nobleſſe ; je n'inſiſtai pas ; elle me dit, qu'elle alloit retôurner à ſa Terre, dont elle ne reviendroit plus qu'après la célébration du mariage. Pour moi je continuai à Paris, de m'occuper du ſoin d'entretenir le Baron de Fages dans la perſévérance qu'on lui demandoit.

Le premier terme de paiement que le Baron de Fages avoit pris avec le ſieur Loque ayant expiré au premier d'Août, il ſe trouva fort embarraſſé. Le fourniſſeur vint me trouver (1), & me demanda où étoit le Baron ; je lui répondis qu'il étoit à Vineuil, près Chantilly, à la maiſon de campagne d'une perſonne de connoiſſance ; mais que probablement il n'étoit pas en fonds pour le ſatisfaire, parce que ſon mariage avoit été retardé depuis l'époque à laquelle il avoit ſoucrit ſes engagemens. Je le raſſurai de mon mieux, en lui diſant, qu'il étoit remis au 12 Août pour tout délai ; & qu'au ſurplus en ſuppoſant, que, par impoſſible, il manquât de s'accomplir, on avoit pris des arrangemens tels, que le Baron de Fages ſeroit en état, en tout événement, de payer ſes créanciers. Il exigea néanmoins que je l'accompagnaſſe à Vineuil auprès du Baron de Fages ; & là, il lui accorda un répit de deux mois, moyennant mon cautionnement, que je donnai ſans balancer, ne pouvant me douter de l'iſſue, que notre négociation alloit avoir.

J'arrivois de *Vineuil* le 7 Août, lorſque je fus abordé par le ſieur Augeard, qui m'apprit, d'un air fort inquiet, que Madame de Courville étoit revenue à Paris. Je la vis le ſoir ; & je ne pus obtenir d'elle, qu'elle me confiât la cauſe de la vive agitation dans laquelle je la trouvai. Elle ſe borna à me dire, que de nouveaux contre-tems venoient traverſer ſes projets.

Le 8, le 9 & le 10, je ne fus pas plus heureux ; elle perſiſtoit à me cacher la cauſe de ſes alarmes, & néanmoins m'aſſuroit toujours que le mariage auroit lieu.

Le 11, ſes inquiétudes augmenterent, & elle m'avoua que la célébration ne ſe feroit que le 16.

Le 13, elle voulut que je lui rendiſſe le dédit, qu'elle ſavoit être

____

(1) C'eſt à cette époque que j'ai vu pour la premiere fois le ſieur Loque.

entre mes mains depuis le 10, époque à laquelle je l'avois retiré de celles de M. Mulot, le regardant comme inutile, puifque j'étois alors dans la confiance, que le mariage fe feroit deux jours après.

Je témoignai à Madame de Courville beaucoup d'étonnement de cette demande. Elle infifta, en me rappellant, que j'avois juré, en le recevant, de le lui reproduire quand elle le defireroit. Elle ajouta, avec humeur, que M. le Cardinal le vouloit ainfi, par des motifs de la plus grande importance; que d'ailleurs, je ne devois pas me défier d'elle; & qu'elle trouvoit fingulier, qu'après les paroles que le Prince m'avoit données, j'euffe la hardieffe de témoigner des inquiétudes offenfantes.

Embarraffé de répondre rien de folide à ces obfervations, je me rendis aux defirs de Madame de Courville, ne foupçonnant pas que M. le Cardinal & elle fuffent capables de fupprimer ce dédit, pour fe difpenfer de payer les 30,000 liv. promifes au Baron de Fages.

Mais, quelle fut ma furprife, de voir qu'elle le déchira avec précipitation auffi-tôt qu'il fut entre fes mains !

Je me permis de violens reproches fur cette voie de fait, en lui objectant qu'elle me mettoit dans la pofition la plus cruelle vis-à-vis du Baron de Fages, qui perdoit, par la lacération de mon titre (1), l'efpérance d'être dédommagé, & d'acquitter les dettes qu'il avoit contractées à l'occafion du mariage. Elle me répondit, en pleurant, qu'elle n'avoit aucune intention de lui faire tort; & qu'elle avoit fupprimé le dédit par des raifons abfolument étrangeres à la mauvaife foi, que j'avois l'injuftice de lui imputer.

Pour me prouver qu'elle étoit en état, en effet, de défintéreffer le Baron de Fages, elle me montra un porte-feuille rempli de billets noirs de la caiffe d'Efcompte, & qui paroiffoit en contenir plus d'une centaine. Enfuite, elle m'avoua qu'elle étoit perdue, qu'il n'y avoit plus de fûreté pour elle en France; & qu'elle partageroit avec moi toute fa fortune, fi je voulois la fuivre chez l'Etranger. Ce propos me pétrifia; & mon effroi me permit à peine de lui demander, de quelle nature

____

(1) Le dédit étoit ftipulé payable à moi-même.

étoient les malheureufes affaires qui la forçoient à cette extrémité. Elle refufa de m'en inftruire, en perfiftant à me dire qu'elle n'avoit point de tems à perdre; & qu'elle ne me remettroit les 30,000 l. montant du dédit, qu'à condition que je la fuivrois jufqu'à un port de mer. Je rejettai bien loin fa propofition, parce que ma fuite avec elle étoit fufceptible de me faire fuppofer complice du délit quelconque qui l'obligeoit à s'évader. Alors elle me propofa de l'accompagner au moins jufqu'à Saint-Omer, qu'elle favoit être le lieu de ma naiffance, & où elle me promit expreffément de me compter le montant du dédit; & s'efforça de me faire comprendre, qu'un voyage dans ma patrie ne pouvoit jamais être fufpect : au furplus, elle m'affura que les caufes de fon évafion, qu'elle m'apprendroit à fon arrivée, n'avoient abfolument rien de commun avec ce qui s'étoit paffé entre M. le Cardinal, elle & moi, à l'occafion du mariage; & que le Prince, dont elle exécutoit pofitivement les ordres en s'éloignant, me tiendroit compte de ce nouveau fervice.

Vaincu par fes larmes, & prenant en confidération, que le feul moyen de tirer le Baron de Fages des embarras, dans lefquels la fuite de cette aventure alloit le plonger, (fi madame de Courville ne me donnoit pas les 30,000 livres), étoit de partir avec elle, comme elle le défiroit; je me rendis à fes preffantes follicitations.

Dès-lors il fut convenu que le fieur Augeard iroit me retenir une place fous le nom d'*Ouanin* (madame de Courville, l'exigea fans vouloir m'en donner la raifon), pour la diligence qui devoit partir de Paris pour Saint-Omer, le 14 Août à 11 heures du foir. Elle me dit qu'elle ne pouvoit partir avec moi; mais qu'elle s'y rendroit par une voiture particuliere, & que le 16 elle me verroit pendant quelques inftans à Arras, au moment où la diligence relayeroit.

Dans la foirée du 13, madame de Courville me remit un billet de diligence tout acquitté; & je la quittai fort tard, fans avoir pu apprendre d'elle rien de plus pofitif.

Dans la journée du 14, j'écrivis au Baron de Fages, qui fe défoloit à Vineuil près Chantilly, de ce que je n'étois point venu le chercher le 12 pour la célébration. Je lui marquai en peu de mots, que tout étoit manqué, mais que je me décidois à fuir, parce que ses intérêts l'exigoient (1).

Dévoré de chagrins & d'inquiétudes, j'arrivai à Arras avec la diligence, le 16 Août vers les 8 heures du matin.

Au moment où les chevaux s'arrêtoient vis-à-vis le bureau, j'apperçus madame de Courville, qui paroissoit m'attendre à la descente de la voiture.

Elle me dit, qu'elle étoit arrivée seule en chaise, quelques instans avant moi, qu'elle avoit des choses de la derniere importance à me communiquer ; & elle m'emmena sur le rempart pour y causer quelque tems, pendant que les voyageurs déjeûneroient.

Sa premiere parole fut foudroyante «. M. le Cardinal de Rohan » a été arrêté hier à Versailles, (me dit-elle), sauvons nous ; l'a· » chat d'un collier, de 1,600,000 livres dont vous avez vu chez moi » des parties, est le nœud de l'affaire. C'est la découverte de cette » intrigue qui causoit mes chagrins & mes inquiétudes depuis le » commencement du mois ; voilà ce qui empêche mon mariage & » me perd ».

Tout mon sang se glaça dans mes veines à un pareil discours ; je lui demandai, pourquoi elle vouloit que je me sauvasse avec elle, moi qui n'étois coupable de rien, & qui entendois parler pour la premiere fois de cette épouvantable histoire ? Elle me répondit, que réduite à fuir seule & à s'exposer à toutes sortes de hazards, je n'aurois pas sans-doute l'inhumanité de l'abandonner. Elle fit luire à mes yeux deux boîtes remplies des plus magnifiques pierreries, & me rappellant le porte-feuille qu'elle m'avoit montré à Paris, elle fit tous ses efforts pour me déterminer à la suivre, en me renouvellant l'offre de partager tout avec moi, aussi-tôt que nous serions en Angleterre.

Quelque séduisantes que fussent ses promesses ; quelque intéres-

____

(1) J'ai su depuis que cette lettre n'a pas été reçue.

fantes que fuffent fes follicitations, j'eus le courage de réfifter, &
je ne diffimule pas qu'en ce moment, un des principaux motifs de
ma détermination, étoit la crainte qu'en m'expatriant, je ne fuffe accufé d'avoir eu quelque part à cette malheureufe affaire, pour raifon de laquelle je fuppofois qu'on fauroit bien me trouver dans quelque coin du monde que je fuffe caché.

Madame de Courville voyant que j'étois inébranlable, me dit qu'elle
efpéroit qu'à Saint-Omer, elle me trouveroit dans de meilleures dif-
pofitions; qu'elle m'y raconteroit tous les détails qu'elle favoit,
tous les myftères que j'ignorois; & après nous être donné rendez-vous à l'auberge de la Pofte-Royale où elle m'attendroit, j'allai
rejoindre la Diligence qui étoit prête à partir, & madame de Courville regagna fa chaife, dont les chevaux étoient attelés.

A peine étois-je dans la diligence, que la chaife de madame de
Courville, au lieu de fuivre la route de Saint-Omer, rebrouffa che-
min tout-à-coup, & l'emporta fur celui de Paris, avec un homme
en lévite bleue, que j'apperçus à fes côtés.

Un cri impuiffant, m'échappa à ce coup inattendu; je ne fais encore en ce moment, où je trace le récit de cet événement, fi je dois
le qualifier de fatalité affreufe, ou de perfidie déteftable.

Ma premiere conjeĉture, fut que dans l'intervalle très-court, qui
s'écoula depuis l'inftant où je la quittai en defcendant du rempart, jufqu'à celui du départ de la Diligence, elle avoit été arrêtée de la part
du Roi; mais d'un autre côté, lorfque je réfléchis aux tromperies mul-
pliées dont j'ai été la dupe à Paris, parce que j'avois la foibleffe d'en
refpeĉter la clandeftinité; je ne puis me défendre du foupçon, que la
difparution de madame de Courville à Arras, au moment où je m'y
attendois le moins, a pu être préméditée. Quoi qu'il en foit, je n'ai jamais revu madame de Courville depuis cet inftant, & j'ignore abfolument fous quel ciel elle refpire.

Défolé de ne pouvoir repréfenter au Baron de Fages le dédit, ni la
fomme qui en étoit le montant, & ne pouvant me diffimuler que j'allois devenir l'objet des plus fanglans reproches, tant de fa part, que de
celle de fes amis; accablé du chagrin d'avoir imprudemment foufcrit

des engagemens qui alloient me ruiner , je n'ofai pas, après cette trifte cataftrophe, reprendre la route de Paris. Je ne reftai que quelques jours à Saint-Omer ; & devenu la proie de mille perplexités , je gagnai Dunkerque , fans autre projet, que d'y chercher dans le calme d'une vie ignorée , quelque adouciffement à mes malheurs.

Mais pendant que j'étois livré à toutes les alarmes que je viens de décrire ; le Baron de Fages revenu de Vineuil , inftruit par un de mes amis , de mon départ du 14 Ao t; me croyant coupable , parce qu'il ignoroit les motifs de la conduite que j'avois tenue, s'étoit mis à ma pourfuite, accompagné d'un de fes amis, que j'ai connu depuis, fous le nom du *Comte de Précourt* , & avec lequel il parcouroit toute la Flandre & les Pays-bas.

Le 16 Septembre précifément un mois après la difparution de madame de Courville , ils me rencontrèrent à Dunkerque , dont je n'étois pas forti depuis le 19 ou le 20 d'Août. J'effuyai de leur part dans l'effervefcence de la colere , les traitemens les plus rigoureux. Le Comte de Précourt qui fe donnoit vis-à-vis de moi , pour s'être mis à la tête des affaires du Baron de Fages, fe prétendit porteur d'un ordre du Roi pour m'arrêter , & ils me ramenèrent à Paris prefque garotté ; après avoir exercé fur ma perfonne , pendant la route, les vexations les plus effrayantes (1).

Lorfque je fus arrivé à Paris , le Baron de Fages & le Comte de Précourt , inftruits par moi , avec les détails les plus circonftanciés , de tout ce qui s'étoit paffé depuis le premier Août entre madame de Courville , le fieur Augeard & moi , parurent s'appaifer , & me déclarerent que j'étois libre.

Le premier ufage que je fis de ma liberté , fut de courir rue neuve-Saint-Gilles , à la maifon de madame de la Motte , dans l'efpérance d'y apprendre quelque chofe concernant madame de Courville , & d'y retrouver le fieur Augeard fon Intendant. Mais quel fut mon étonnement , d'entendre dire au portier & aux domeftiques de la maifon ,

---

(1) J'ai fu depuis par un Magiftrat refpeɔable, qu'il n'y avoit jamais eu d'ordre du Roi , lancé contre moi.

qu'ils

qu'ils n'avoient jamais connu madame de Courville, ni le fieur Augeard ; que l'appartement par moi défigné, avoit toujours été habité par madame la Comtefse de la Motte, partie le 7 Août pour Bar-fur-Aube, avec fon mari & tous fes gens ; qu'on n'avoit jamais connu le fieur de Marcilly, & que toutes les fois que M. le Cardinal étoit venu dans cette maifon, ç'avoit été pour y voir madame de la Motte !

Confondu par ces déclarations ; il ne me refta plus aucun doute fur la réalité des tromperies dont j'avois été la dupe, lorfque madame de Courville me difoit, qu'elle demeuroit dans la maifon où je la voyois ; lorfque le fieur Augeard, que je n'ai jamais revu, depuis le 13 Août, me difoit qu'il étoit fon Intendant ; lorfque le fieur de Marcilly qui avoit l'air d'un homme honnête, me laiffoit croire, qu'il étoit Confeiller, & qu'il portoit fon véritable nom ; lorfqu'enfin M. le Cardinal de Rohan me donnoit audience, entouré de tous ces êtres poftiches, par lefquels j'aime à croire néanmoins qu'il étoit trompé lui-même.

Il ne m'a plus été poffible alors de me diffimuler, qu'en exigeant de moi, dès le commencement de la négociation, une confiance fans bornes, une docilité illimitée, une difcrétion à toute épreuve ; on fe ménageoit apparemment pour la fuite, la facilité de me méconnoître, & de le faire avec certaines apparences de vérité, dont on m'accableroit.

Quoi qu'il en foit, après avoir fait cette défolante découverte, mes chagrins s'augmenterent encore par les pourfuites, que les fieurs Loque & Vaucher menacerent de diriger contre le Baron de Fages, & moi ; prétendant que nous les avions trompés de propos délibéré. Je leur repréfentai, que je n'étois vis-à-vis d'eux que la caution du Baron de Fages ; que je ne m'étois jamais mêlé de l'achat des marchandifes, que pour avoir dit au fieur Vaucher, que je croyois le Baron de Fages folvable ; & que cette affaire ne pouvoit avoir d'autre conféquence pour moi, que de les payer au défaut du Baron, fi les circonftances dans lefquelles il fe trouvoit ne changeoient pas (1).

____

(1) On dit, que le Baron de Fages a fait beaucoup d'autres achats de bijoux, dont je ne me fuis pas mêlé davantage, & dont je n'ai jamais connu les fourniffeurs.

D

Les sieurs Vaucher & Loque parurent convaincus de la solidité de cette obfervation, & nous plaindre, le Baron de Fages & moi, d'avoir été joués auffi cruellement; en conféquence, le 18 Octobre dernier, ils ont accordé au Baron de Fages, par un acte fous-feing privé dont il eft porteur, un délai de 4 années pour les payer.

Comme je favois que ce délai accordé au Baron de Fages principal obligé, me profitoit également; fatisfait de voir mes relations avec les fieurs Loque & Vaucher fufpendues pour 4 ans, depuis cet inf-tant, je n'ai plus voulu en conferver aucunes avec eux, à l'occafion des bijoux. Je n'ignore pas à la vérité, que le Baron de Fages & le Comte de Précourt fon Confeil on fait, poftérieurement au 18 Octo-bre, des arrangemens avec les fieurs Loque & Vaucher, concernant les objets en nature, qui n'avoient pas encore été réalifés par le Baron de Fages ; mais je ne fais en aucune maniere, de quelle nature ont été ces arrangemens ; je protefte, que je ne m'en fuis pas voulu mêler, ni directement, ni indirectement ; & quoique tout ceci me foit étranger, je ne puis croire, que le Baron de Fages & le Comte de Précourt fe foient comportés dans cette occafion, d'une maniere répréhenfible.

Néanmoins, au mois de Décembre fuivant, j'ai appris que les fieurs Loque & Vaucher rendoient plainte, *en efcroquerie*, contre moi, de-vant le Lieutenant-Criminel du Châtelet, & qu'ils dirigeoient en même tems, une pareille accufation contre M. Mulot, le Baron de Fages, le Comte de Précourt & autres.

Raffuré par mon innocence, j'ai cru d'abord que ce bruit n'avoit aucun fondement. J'ignore fi cette plainte a eu quelques fuites à l'égard de mes co-accufés ; mais le 18 Décembre j'ai été conftitué prifonnier au Châtelet de Paris, en vertu d'un décret du 22 du même mois.

Je traîne la vie la plus miférable, dans cette hideufe prifon, depuis un mois & demi. *Perfonne ne vient à mon fecours* ; & mon élargiffement, que je follicite depuis plufieurs femaines, eft foumis à des lenteurs, que je ne fais à quoi attribuer.

Par mes interrogatoires, j'ai appris que les fieurs Loque & Vau-cher, qui conviennent que je n'ai traité avec eux que pour cautionner le Baron de Fages, m'accufent néanmoins de leur avoir efcroqué des

bijoux, conjointement avec lui, & qu'ils fe plaignent qu'on les a
forcés de donner une fomme de 4000 liv. pour en reprendre une partie. Mes réponfes ne contiennent certainement aucune charge contre
moi ; & quoique je ne connoiffe pas les informations ; je puis affirmer
d'avance, qu'il eft impoffible qu'elles fourniffent la preuve d'aucun délit *qui me foit perfonnel*, concernant les marchandifes dont le Baron de
Fages doit le prix aux Parties plaignantes.

Pour mettre mon Confeil, mes Juges & le Public, *en état d'ap-
précier* les circonftances qui ont préparé, occafionné & néceffité
mes relations avec les fieurs Loque & Vaucher ; je ne pouvois me
difpenfer d'articuler une partie des faits finguliers auxquels j'ai eu
part, & la nature des motifs de confiance qui m'ont fait agir. Mon objet n'eft point d'accufer les perfonnes dont j'ai été forcé de parler : je
ne cherche qu'à repouffer l'accufation calomnieufe de deux fourniffeurs qui ont la mauvaife foi de m'imputer des manœuvres également
étrangeres à mon caractere & à mon honnêteté. Si j'euffe gardé le filence & fupprimé l'hiftorique de ma miffion, ma juftification y auroit
perdu néceffairement un degré d'évidence, dont je n'ai pas dû faire le
facrifice. L'intérêt puiffant de récupérer ma liberté & mon honneur
étrangement compromis ; le foin de ma confervation ; ce véhicule im-
périeux & irréfiftible, à l'énergie duquel tous les hommes font foumis,
devoit l'emporter fur toutes les confidérations qui auroient pu m'arrêter, dans des conjonctures plus profperes.

Or, d'après ce qui précede, je demande :

1°. Si les Loix peuvent traiter d'efcroquerie, la conduite que j'ai
tenue avec les fieurs Loque & Vaucher, mes accufateurs ?

2°. Si mon efpérance, d'être promptement déchargé de l'accufation,
avec des dommages & intérêts confidérables, de la part de ces deux
particuliers, qui me perfécutent & me calomnient avec un excès d'au-
dace fans exemple, eft bien fondée ?

Signé, J. C. V. DE BETTE D'ETIENVILLE.

Mᵉ *MESLIER*, *Avocat.*

CONSULTATION.

Le Conseil soussigné, qui a pris lecture du Mémoire à consulter ci-dessus, ESTIME:

Sur la premiere question, que les faits exposés par le sieur de Pette d'Etienville, attestent en sa faveur une pureté d'intention qui étoit digne d'un meilleur sort. ;

Au surplus, en taxant le Consultant de légéreté & d'imprudence, il nous semble que ce seroit épuiser tous les reproches qu'on peut raisonnablement lui faire.

En effet, sa confiance ayant eu pour base les assurances qu'il avoit reçues personnellement d'un Prince aussi recommandable que M. le Cardinal de Rohan, & ayant été alimentée par des personnes qui étoient avouées de lui, puisque, d'après le Mémoire à consulter, il s'est trouvé plusieurs fois au milieu d'elles, dans une maison rue Neuve Saint-Gilles, il n'y a point eu de délit de sa part à cautionner le Baron de Fages pour le montant des fournitures des sieurs Loque &| Vaucher, & à dire au dernier, qu'il pouvoit en toute sûreté les lui livrer.

Les criminalistes définissent l'escroquerie : l'action par laquelle un homme *de mauvaise foi*, en employant la ruse, parvient sans violence à s'approprier des meubles, bijoux, ou autres biens de cette espece, au préjudice d'un autre qu'il trompe, & de la confiance duquel il abuse.

Or, la conduite tenue par le Consultant, est tout-à-fait étrangere aux manœuvres indiquées par cette définition, si, comme il le jure le récit qu'il nous fait est fidele.

Sur la seconde question : Nous pensons que la plainte rendue par les sieurs Loque & le Vaucher contre le Consultant, n'est soutenable sous aucun point de vue.

1°. Ils sont non-recevables à rendre plainte contre le sieur d'Etienville, parce qu'ils font , l'un & l'autre , poffeffeurs d'un titre émané de lui, & reçu volontairement de leur part dans l'Etude d'un Notaire ; ces titres font les cautionnemens refpectifs dont il eft parlé à leur date dans l'hiftorique du Mémoire à confulter ; l'un au profit du fieur Vaucher, foufcrit le 22 Mai, contenant engagement conditionnel de 12000 livres ; l'autre, au profit du fieur Loque, dans les premiers jours d'Août 1785, foufcrit par le fieur de Bette d'Etienville à Vineuil, près Chantilly, & par lequel il s'eft engagé également jufqu'à concurrence d'une fomme de 18, 000 livres, dans le cas où le Baron de Fages ne payeroit pas.

2°. Parce que le 18 Octobre fuivant, les fieurs Loque & Vaucher ont accordé au Baron de Fages un délai de quatre ans pour payer ; délai qui profite également au fieur de Bette d'Etienville, comme *fidejuffeur*, dont les obligations ne peuvent être plus rigoureufes, que celles du *principal obligé*.

3°. Enfin, parce que les fieurs Loque & Vaucher, n'ont articulé dans leur plainte, aucun grief perfonnel au fieur de Bette d'Etienville, & qui *foit poftérieur aux actes*, dont ils fe font contentés.

Il réfulte de ces trois confidérations ; que les Parties plaignantes ont traité avec le Confultant, de la maniere dont les citoyens honnêtes le font enfemble, & par conféquent, qu'elles n'ont point été efcroquées. Il en réfulte, qu'elles fe font liées de maniere à ne pouvoir exercer aucune efpece de pourfuite contre lui pendant quatre années, dont la premiere eft à peine commencée, pour raifon des marchandifes par eux fournies au Baron de Fages ; & enfin que leur accufation doit être rejettée comme calomnieufe, puifque des actes, émanés d'elles-mêmes, conftatent, qu'elles n'ont jamais regardé le Confultant comme un efcroc, même dans le tems où elles favoient bien, que la rupture du mariage, mettoit le Baron de Fages, & la caution, hors d'état de les payer fur le champ.

Le Confultant doit donc efpérer que la Juftice ne balancera pas à le décharger de l'accufation que les fieurs Loque & Vaucher dirigent contre lui ; & les moindres dommages & intérêts auxquels il puiffe prétendre, ce feroit d'être dégagé des cautionnemens, fi cette réparation étoit fuffifante.

L'Ordonnance de 1670, titre 3, art. 7, veut « que les accufateurs, » qui font mal fondés, foient condamnés aux dépens, dommages » & intérêts des accufés, *ou à plus grande peine s'il y échet* ».

Les fieurs Loque & Vaucher font d'autant plus coupables, que tout indique, qu'il n'y a pas même de bonne foi dans leur accufation. Il paroît, que poftérieurement au 18 Octobre, des perfonnes, de la conduite defquelles le Confultant ne doit pas être refponfable, ont fait des arrangemens avec eux, pour la reprife de certains objets qui étoient encore en nature ; que ces arrangemens les ont indifpofés, au point de rendre plainte, dans un mouvement de colere, contre ceux par lefquels ils fe prétendent trompés ; & qu'ils ont enveloppé injuftement le fieur de Bette d'Etienville dans les conclufions de leur plainte, fous le prétexte qu'il avoit été originairement *la caufe occafionnelle de leur défaftre*.

Mais dans ce cas, ils ne font pas plus excufables ; & on doit leur oppofer les principes adoptés par *Jouffe* dans fon Traité des Matieres criminelles, lorfqu'il dit : « *Il faut punir plus févérement le calomniateur* » *qui a accufé par malice, dans la feule vue de faire du mal & de fe venger* ».

Délibéré à Paris, le 15 Février 1786. Signés, MESLIER, HEMERY.

De l'impr. de L. CELLOT, rue des Grands-Auguftins. 1786.